Impressum
Verlag: BABADADA GmbH, Nedderfeld 112 , 22529 Hamburg
Geschäftsführer / Verlagsleitung: Harald Hof
Druck: Books on Demand GmbH, In de Tarpen 42, 22848 Norderstedt

Imprint
Publisher: BABADADA GmbH, Nedderfeld 112 , 22529 Hamburg, Germany
Managing Director / Publishing direction: Harald Hof
Print: Books on Demand GmbH, In de Tarpen 42, 22848 Norderstedt

skole

colegio

klasseværelse
aula

dividere
dividir

186/2

tavle
pizarrón

skolegård
patio de escuela

lærer
maestro

papir
papel

skrive
escribir

pen
birome

skrivebord
escritorio

lineal
regla

bog
libro

elev
alumno

skoletaske
mochila

penalhus
caja de lápices

blyant
lápiz

blyantspidser
sacapuntas

viskelæder
goma (de borrar)

tegneblok
bloc de dibujo

tegning

dibujo

pensel

pincel

æske med vandfarver

caja de pinturas

saks

tijera

lim

pegamento

opgavehefte

cuaderno de ejercicios

lektie

tarea

tal

número

2+2

addere

sumar

5-2

subtrahere

restar

multiplicere

multiplicar

regne

calcular

A

bogstav

letra

ABCDEFG
HIJKLMN
OPQRSTU
VWXYZ

alfabet

abecedario

ord

palabra

tekst
texto

læse
leer

kridt
tiza

time
lección

klasseprotokol
cuaderno de clase

eksamen
examen

karakterbog
certificado

skoleuniform
uniforme escolar

uddannelse
educación

leksikon
enciclopedia

universitet
universidad

mikroskop
microscopio

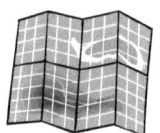

kort
mapa

papirkurv
tacho (de basura)

hotel
hotel

Grand

herberg
hostel

ROOMS

vekselkontor
casa de cambio

EXCHANGE

kuffert
valija

bil
auto

sprog
idioma

ja / nej
sí / no

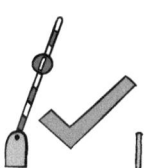

okay
Está bien

hej
hola

oversætter
traductor

tak
Gracias

hvad koster...?

¿cuánto cuesta...?

Jeg forstår ikke

No entiendo

problem

problema

God aften!

¡Buenas tardes!

God morgen!

¡Buenos días!

God nat!

¡Buenas noches!

farvel

adiós

retning

dirección

bagage

equipaje

taske

bolso

rygsæk

mochila

gæst

invitado

værelse

habitación

sovepose

bolsa de dormir

telt

carpa

turistinformation	strand	kreditkort
información turística	playa	tarjeta de crédito

morgenmad	middagsmad	aftensmad
desayuno	almuerzo	cena

billet	elevator	frimærke
pasaje	ascensor	sello

grænse	told	ambassade
frontera	aduana	embajada

visum	pas	
visa	pasaporte	

transport
transporte

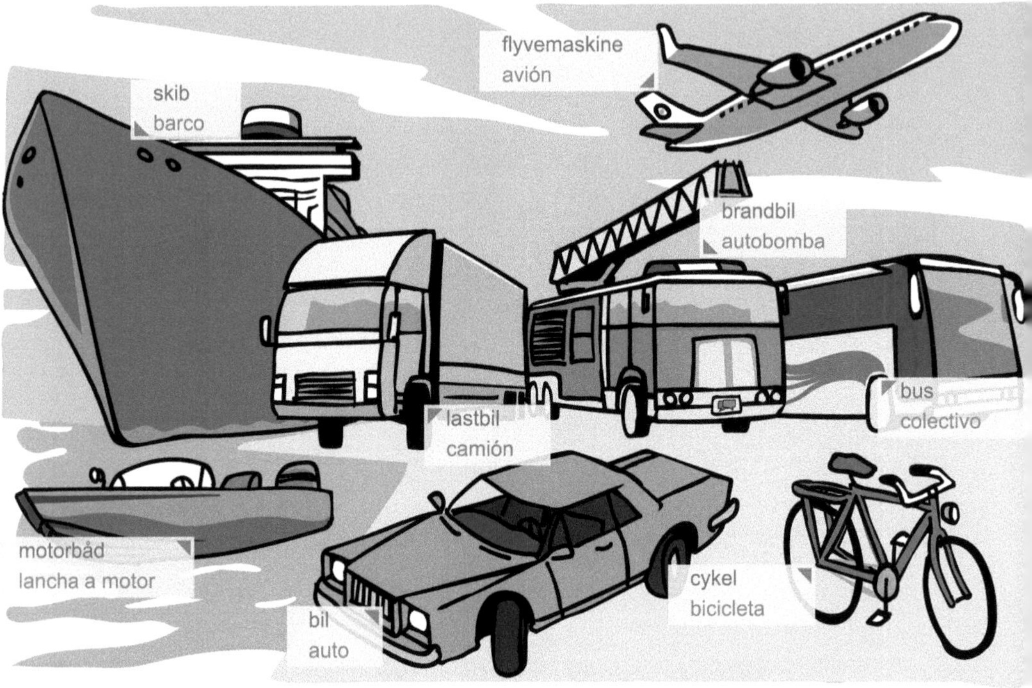

flyvemaskine
avión
skib
barco
brandbil
autobomba
bus
colectivo
lastbil
camión
motorbåd
lancha a motor
cykel
bicicleta
bil
auto

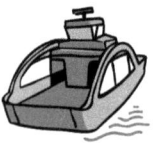

færge

ferry

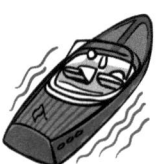

båd

bote

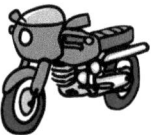

motorcykel

moto

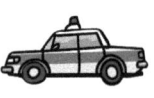

politibil

patrullero

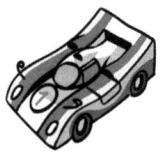

racerbil

auto de carreras

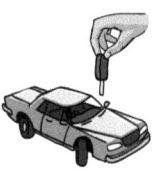

lejebil

auto de alquiler

samkørsel

alquiler de autos

kranbil

grúa

skraldebil

camión de basura

motor

motor

benzin

nafta

tankstation

estación de servicio

trafikskilt

señal de tránsito

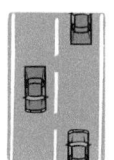

trafik

tránsito

trafikprop

embotellamiento

parkeringsplads

estacionamiento

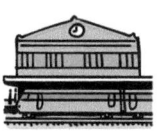

banegård

estación de tren

skinner

vías

tog

tren

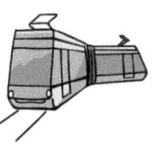

sporvogn

tranvía

wagon

vagón

helikopter

helicóptero

lufthavn

aeropuerto

tårn

torre

passager

pasajero

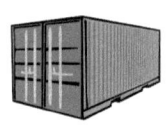

container

contenedor

karton

caja de cartón

kærre

carretilla

kurv

canasta

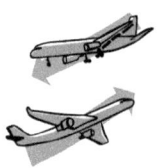

starte / lande

despegar / aterrizar

by

ciudad

landsby

pueblo

bymidte

centro de ciudad

hus

casa

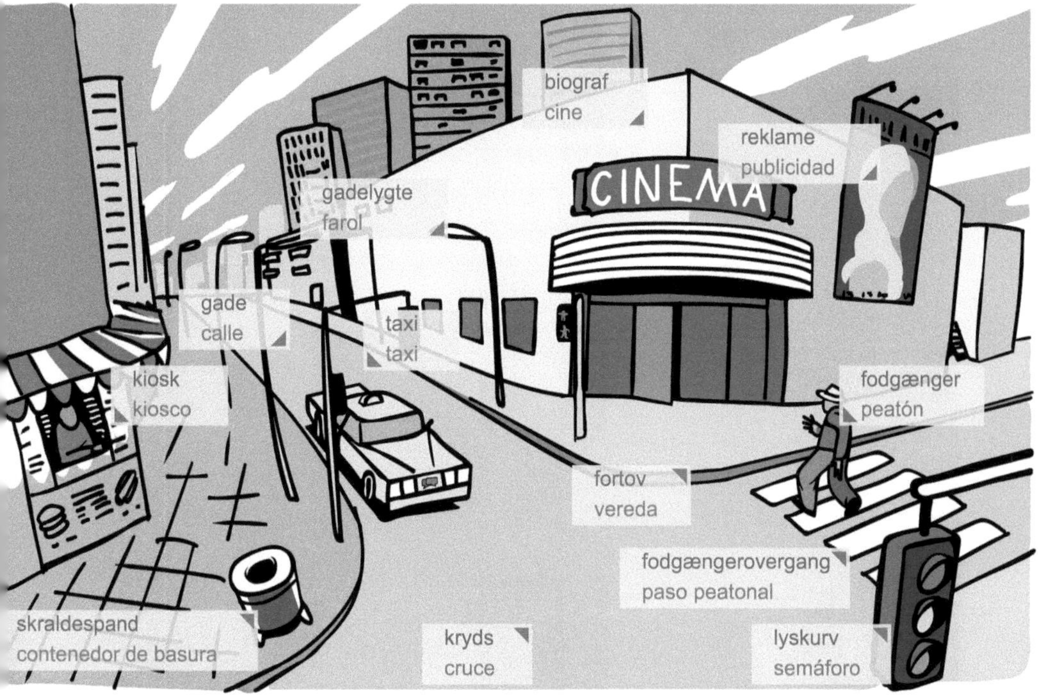
biograf
cine
reklame
publicidad
gadelygte
farol
gade
calle
taxi
taxi
kiosk
kiosco
fodgænger
peatón
fortov
vereda
fodgængerovergang
paso peatonal
skraldespand
contenedor de basura
kryds
cruce
lyskurv
semáforo
CINEMA

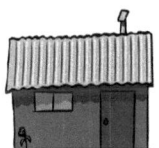

hytte

cabaña

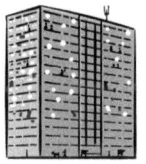

lejlighed

departamento

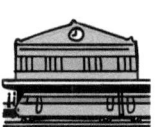

banegård

estación de tren

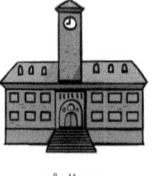

rådhus

municipalidad

MUSEUM

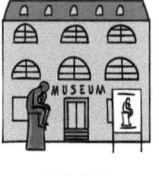

museum

museo

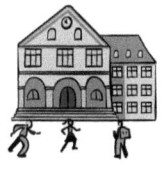

skole

colegio

universitet

universidad

bank

banco

sygehus

hospital

hotel

hotel

apotek

farmacia

kontor

oficina

boghandel

librería

butik

negocio

blomsterbutik

florería

supermarked

supermercado

marked

mercado

stormagasin

grandes tiendas

fiskehandler

pescadería

butikscenter

centro comercial

havn

puerto

park
parque

bænk
banco

bro
puente

trappe
escaleras

undergrundsbane
subte

tunnel
túnel

busstoppested
parada del colectivo

barnevogn
bar

restaurant
restaurante

postkasse
buzón

vejskilt
letrero

parkometer
parquímetro

zoo
zoológico

badeanstalt
pileta

moske
mezquita

bondegård
granja

miljøforurening
contaminación

kirkegård
cementerio

kirke
iglesia

legeplads
juegos infantiles

tempel
templo

landskab
paisaje

blad
hoja

vejviser
poste indicador

vej
camino

eng
pradera

sten
piedra

træ
árbol

vandrer
excursionista

flod
río

græs
hierba

blomst
flor

dal

valle

bjerg

montaña

sø

lago

skov

bosque

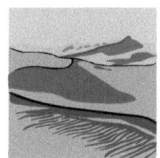

ørken

desierto

vulkan

volcán

slot

castillo

regnbue

arco iris

svamp

champiñón

palme

palmera

moskito

mosquito

flue

mosca

myre

hormiga

bi

abeja

edderkop

araña

landskab - paisaje

bille
escarabajo

frø
rana

egern
ardilla

pindsvin
erizo

hare
liebre

ugle
lechuza

fugl
pájaro

svane
cisne

vildsvin
jabalí

hjort
ciervo

elg
alce

dæmning
presa

vindmølle
aerogenerador

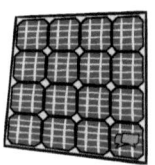

solcellemodul
panel solar

klima
clima

restaurant
restaurante

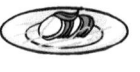

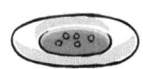

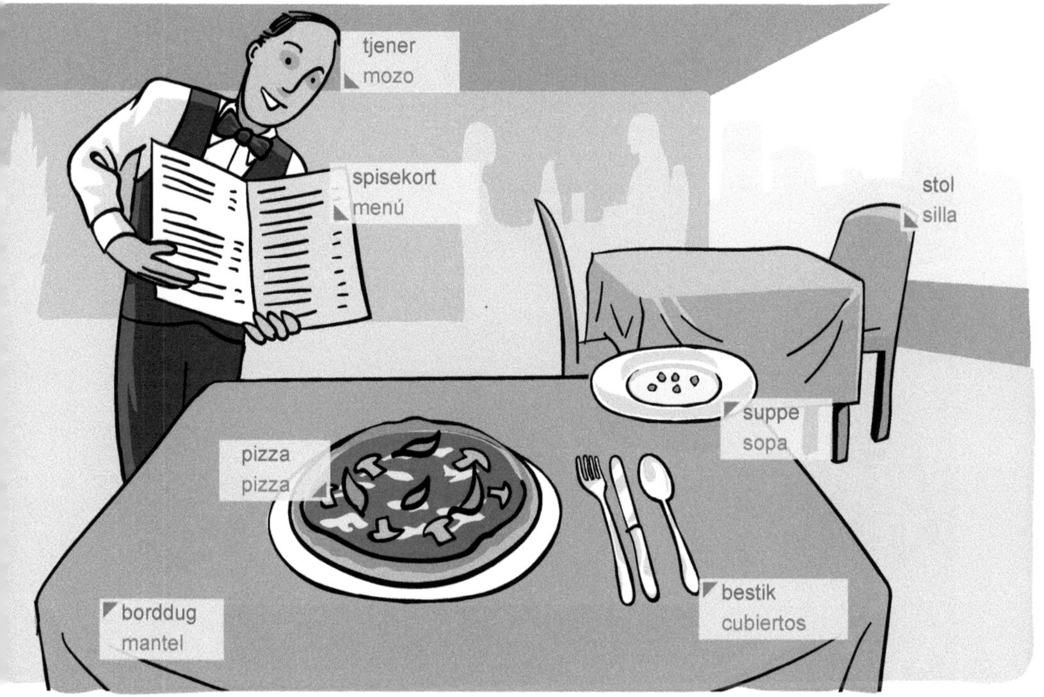
tjener
mozo
spisekort
menú
stol
silla
suppe
sopa
pizza
pizza
bestik
cubiertos
borddug
mantel

forret
entrada

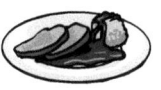

hovedret
plato principal

dessert
postre

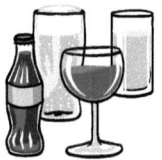

drikkevarer
bebidas

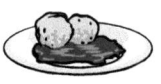

mad
comida

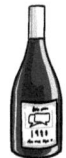

flaske
botella

fastfood

comida rápida

streetfood

comida callejera

tekande

tetera

sukkerdåse

azucarera

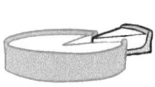

portion

porción

espressomaskine

cafetera expreso

barnestol

sillita alta

faktura

cuenta

tablet

bandeja

kniv

cuchillo

gaffel

tenedor

ske

cuchara

teske

cucharita

serviet

servilleta

glas

vaso

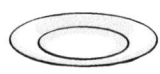

tallerken

plato

dyb tallerken

plato hondo

underkop

plato

sovs

salsa

saltbøsse

salero

peberkværn

molinillo de pimienta

eddike

vinagre

olie

aceite

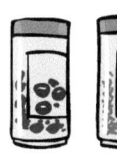

krydderier

especias

ketchup

kétchup

sennep

mostaza

mayonnaise

mayonesa

supermarked
supermercado

tilbud
oferta especial
kunde
cliente
mælkeprodukter
lácteos
frugt
fruta
indkøbsvogn
changuito
FOR

BUTCHERS

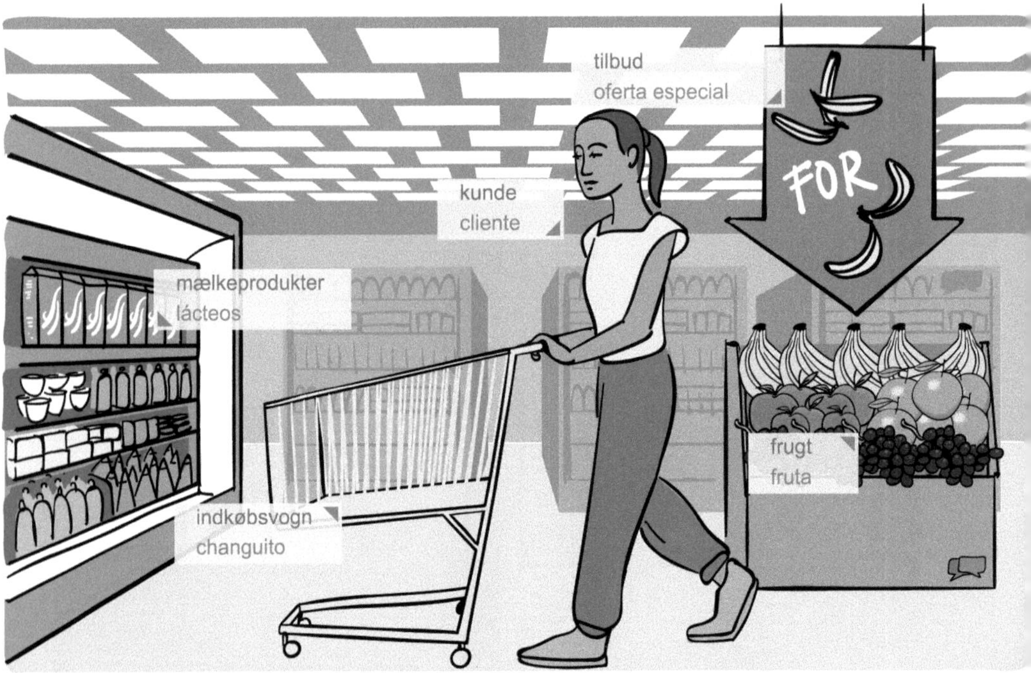

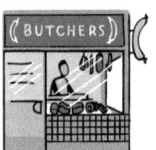

slagter

carnicería

BAKERY

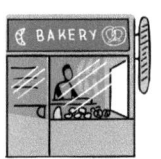

bageri

panadería

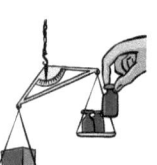

veje

pesar

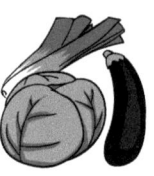

grøntsager

verduras

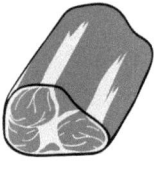

kød

carne

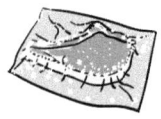

frostvarer

alimentos congelados

pålæg

fiambres

konserves

alimentos enlatados

vaskemiddel

detergente en polvo

slik

golosinas

husholdningsvarer

electrodomésticos

rengøringsmidler

productos de limpieza

ekspedient

vendedora

kasse

caja

kasserer

cajero

indkøbsliste

lista de compras

åbningstider

horario de atención

tegnebog

billetera

kreditkort

tarjeta de crédito

taske

cartera

plasticpose

bolsa de plástico

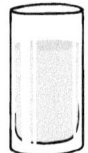

vand

agua

saft

jugo

mælk

leche

cola

bebida cola

vin

vino

øl

cerveza

alkohol

alcohol

kakao

cacao

te

té

kaffe

café

espresso

café expreso

cappuccino

cappuccino

banan

banana

æble

manzana

appelsin

naranja

melon

melón

citron

limón

gulerod

zanahoria

hvidløg

ajo

bambus

bambú

løg

cebolla

svamp

champiñón

nødder

nueces

nudler

fideos

spaghetti

tallarines

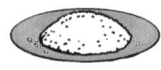

ris

arroz

salat

ensalada

pomfritter

papas fritas

stegte kartofler

papas fritas

pizza

pizza

hamburger

hamburguesa

sandwich

sándwich

schnitzel

churrasco

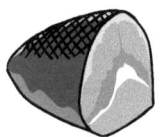

skinke

jamón

salami

salame

pølse

salchicha

kylling

pollo

steg

asado

fisk

pescado

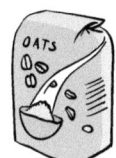

havregryn

copos de avena

mysli

muesli

cornflakes

copos de maíz

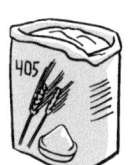

mel

harina

croissant

medialuna

rundstykke

pancito

brød

pan

toast

tostada

kiks

galletitas

smør

manteca

kvark

cuajada

kage

torta

æg

huevo

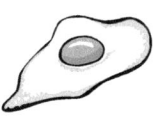

spejlæg

huevo frito

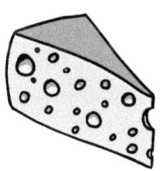

ost

queso

is

helado

sukker

azúcar

honning

miel

marmelade

mermelada

nougat-creme

pasta de chocolate

karry

curry

bondegård
granja

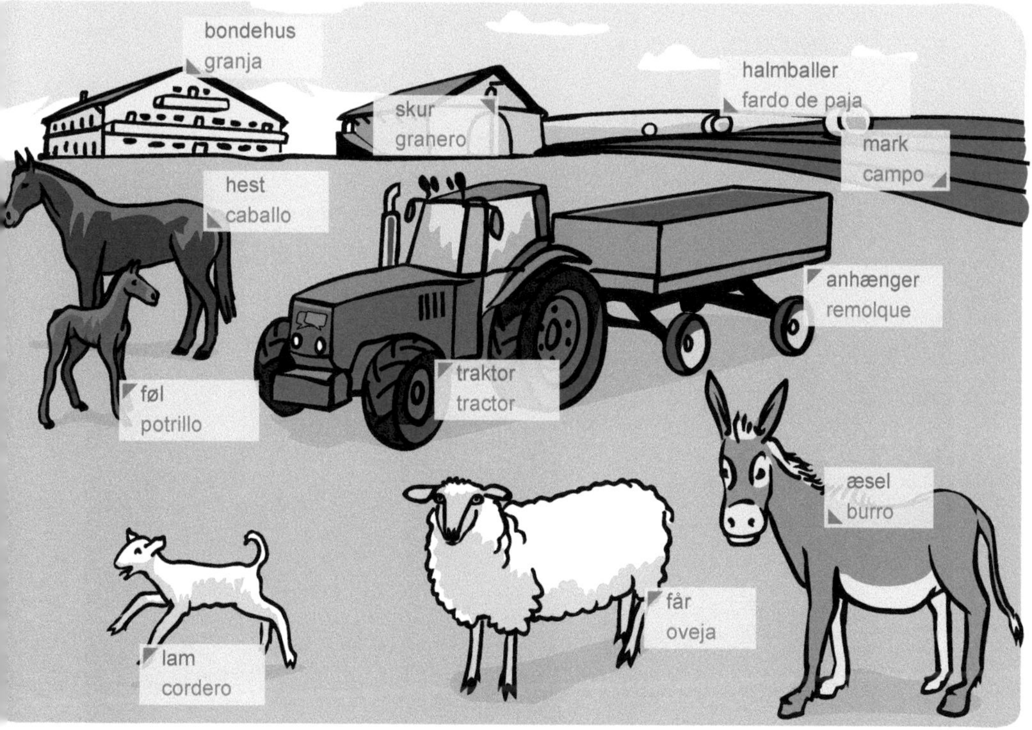

bondehus
granja
skur
granero
halmballer
fardo de paja
mark
campo
hest
caballo
anhænger
remolque
føl
potrillo
traktor
tractor
æsel
burro
får
oveja
lam
cordero

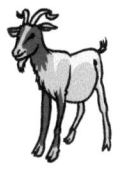

ged

cabra

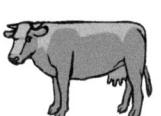

ko

vaca

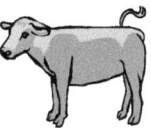

kalv

ternero

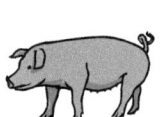

svin

cerdo

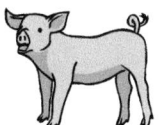

gris

lechón

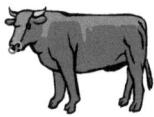

tyr

toro

gås

ganso

and

pato

kylling

pollo

høne

gallina

hane

gallo

rotte

rata

kat

gato

mus

ratón

okse

buey

hund

perro

hundehus

cucha

haveslange

manguera

vandkande

regadera

le

guadaña

plov

arado

segl
hoz

hakkejern
azada

møggreb
horquilla

økse
hacha

trillebør
carretilla

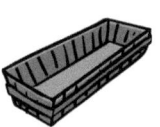

trug
abrevadero

mælkekande
lechera

sæk
bolsa

hæk
reja

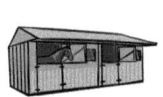

stald
establo

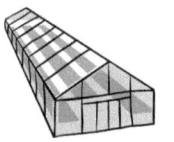

drivhus
invernadero

jord
suelo

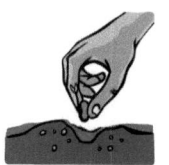

frø
semilla

gødning
fertilizador

mejetærsker
cosechadora

høste

cosechar

høst

cosecha

yams

batatas

hvede

trigo

soja

soja

kartoffel

papa

majs

maíz

raps

semilla de colza

frugttræ

árbol frutal

maniok

mandioca

korn

cereales

hus

casa

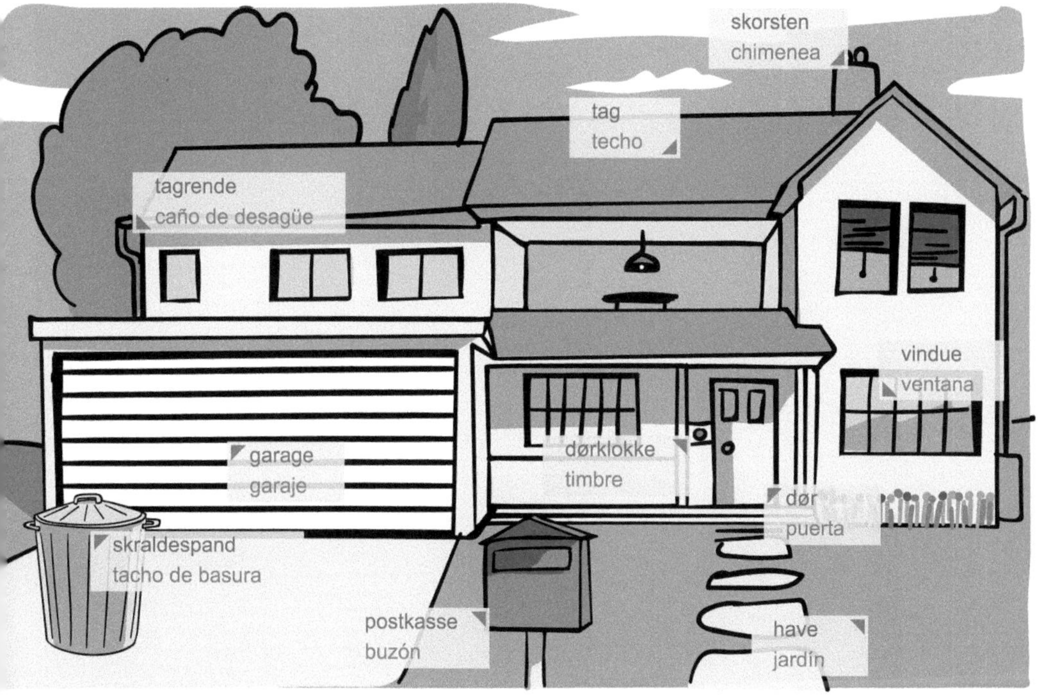

skorsten
chimenea
tag
techo
tagrende
caño de desagüe
vindue
ventana
garage
garaje
dørklokke
timbre
dør
puerta
skraldespand
tacho de basura
postkasse
buzón
have
jardín

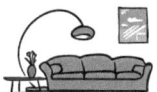

stue

living

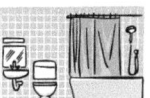

badeværelse

baño

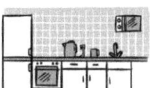

køkken

cocina

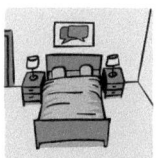

soveværelse

dormitorio

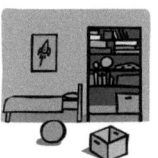

børneværelse

cuarto de los chicos

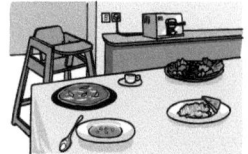

spisestue

comedor

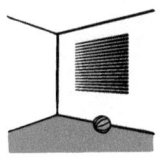

gulv
piso

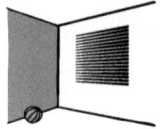

væg
pared

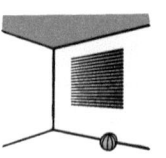

loft
cielorraso

kælder
sótano

sauna
sauna

altan
balcón

terrasse
terraza

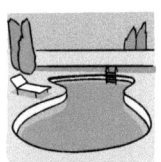

svømmehal
pileta

plæneklipper
cortadora de pasto

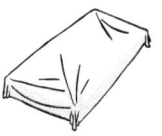

dynebetræk
sábana

dyne
acolchado

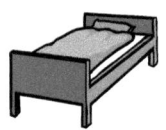

seng
cama

kost
escoba

spand
balde

kontakt
interruptor

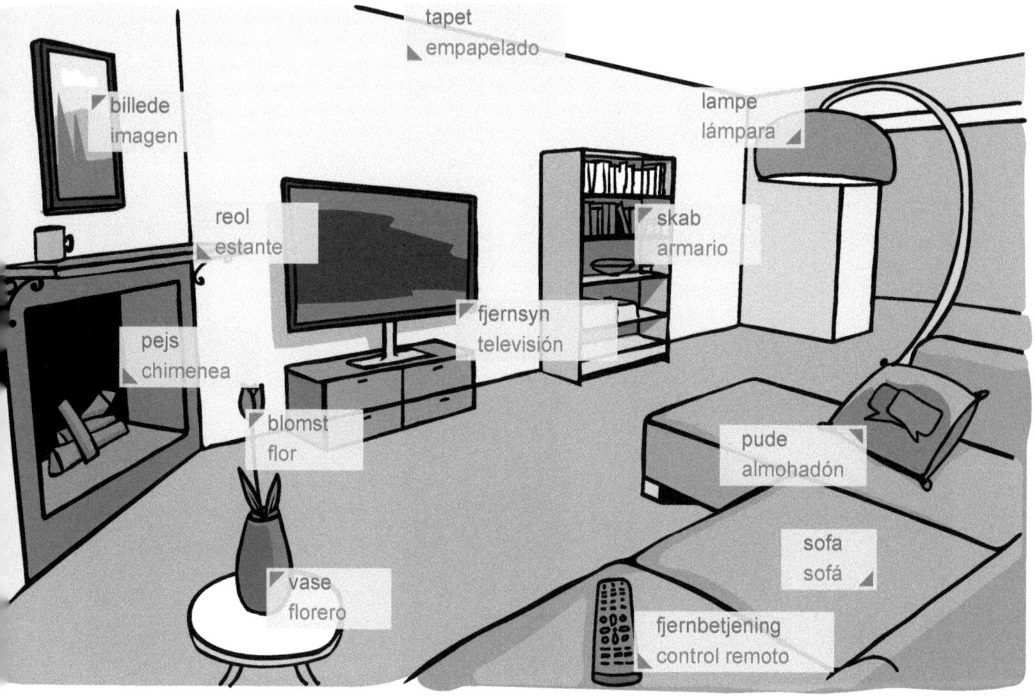

tapet
empapelado

billede
imagen

lampe
lámpara

reol
estante

skab
armario

fjernsyn
televisión

pejs
chimenea

blomst
flor

pude
almohadón

sofa
sofá

vase
florero

fjernbetjening
control remoto

gulvtæppe
alfombra

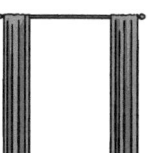

gardin
cortina

bord
mesa

stol
silla

gyngestol
mecedora

lænestol
sillón

bog
libro

tæppe
frazada

dekoration
decoración

brænde
leña

film
película

stereoanlæg
equipo de música

nøgle
llave

avis
diario

maleri
pintura

plakat
póster

radio
radio

notesblok
cuaderno

støvsuger
aspiradora

kaktus
cactus

lys
vela

køkken
cocina

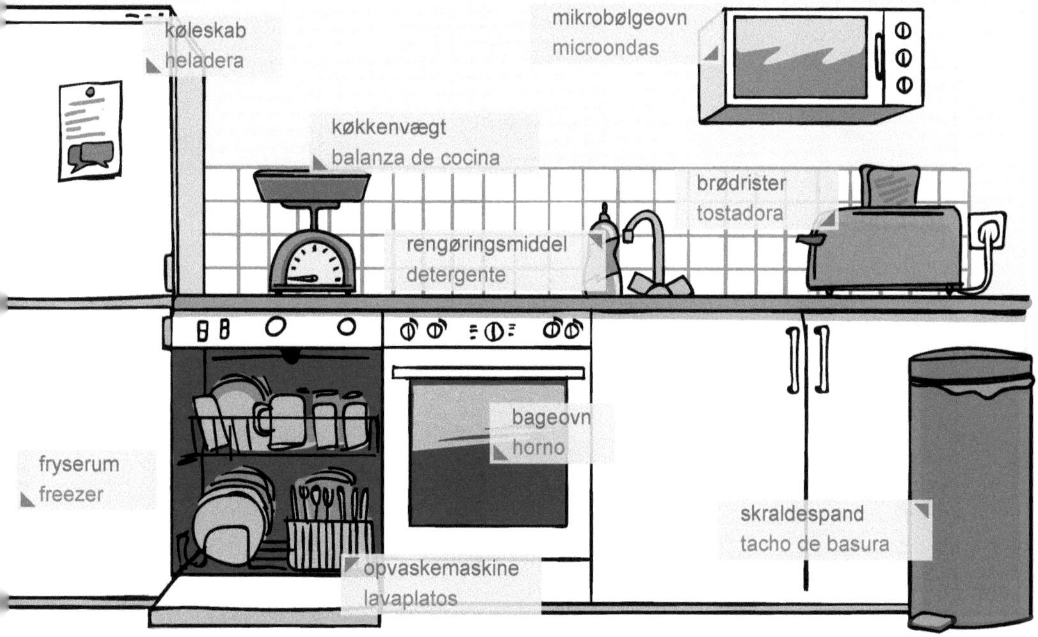

køleskab
heladera
mikrobølgeovn
microondas
køkkenvægt
balanza de cocina
brødrister
tostadora
rengøringsmiddel
detergente
bageovn
horno
fryserum
freezer
skraldespand
tacho de basura
opvaskemaskine
lavaplatos

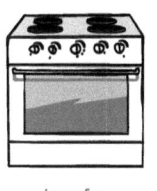

komfur

cocina

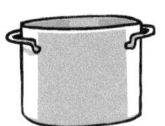

gryde

olla

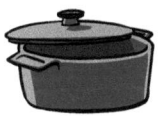

jerngryde

olla de hierro fundido

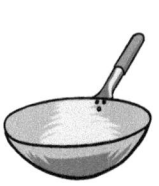

wok / kadai

wok

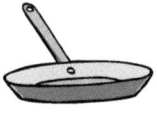

pande

sartén

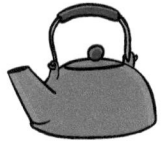

elkedel

pava

dampkoger

vaporera

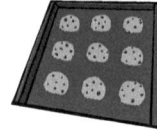

bageplade

bandeja de horno

service

vajilla

bæger

taza

skål

bol

spisepinde

palitos

øseske

cucharón

paletkniv

estpátula

piskeris

batidora

dørslag

colador

si

colador

rive

rallador

morter

mortero

grille

parrilla

ildsted

fogata

skærebræt

tabla de picar

kagerulle

palo de amasar

proptrækker

sacacorchos

dåse

lata

dåseåbner

abrelatas

grydelap

manopla

køkkenvask

pileta

børste

cepillo

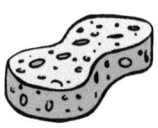

svamp

esponja

blender

batidora

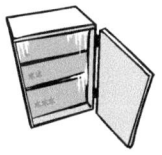

dybfryser

congelador

sutteflaske

mamadera

vandhane

canilla

køkken - cocina

badeværelse
baño

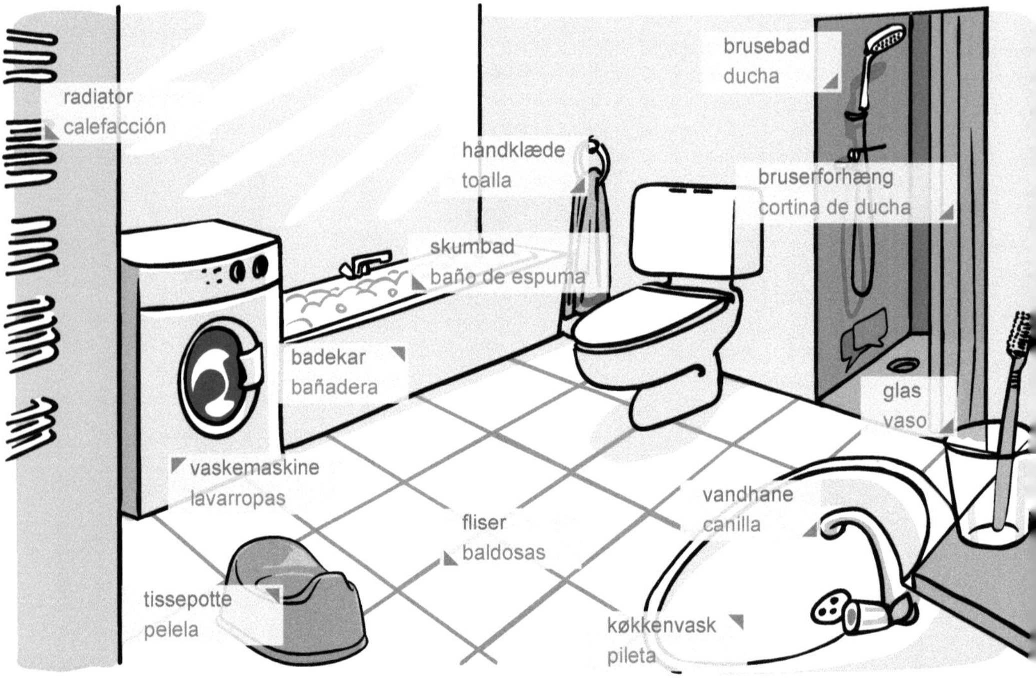

radiator
calefacción
håndklæde
toalla
brusebad
ducha
bruserforhæng
cortina de ducha
skumbad
baño de espuma
badekar
bañadera
glas
vaso
vaskemaskine
lavarropas
vandhane
canilla
fliser
baldosas
tissepotte
pelela
køkkenvask
pileta

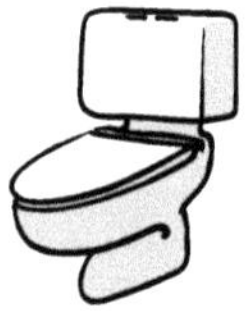

toilet
inodoro

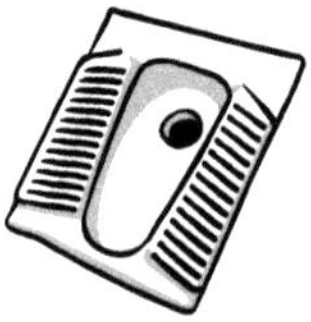

hugsiddende toilet
letrina

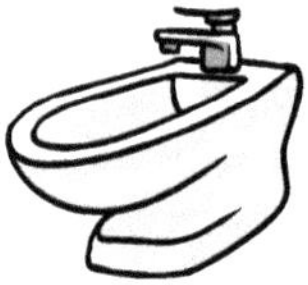

bidet
bidé

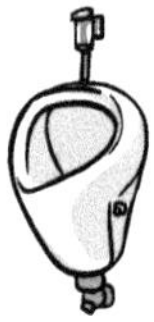

pissoir
mingitorio

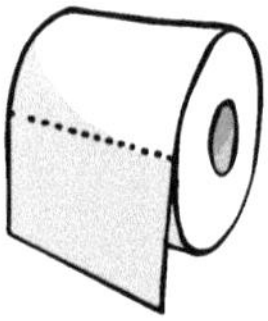

toiletpapir
papel higiénico

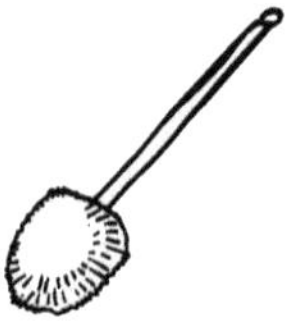

toiletbørste
cepillo para el inodoro

tandbørste

cepillo de dientes

tandpasta

dentífrico

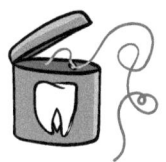

tandtråd

hilo dental

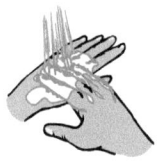

vaske

lavar

håndbruser

ducha de mano

intimbruser

ducha higiénica

vaskefad

palangana

badebørste

cepillo para espalda

sæbe

jabón

brusegele

gel de ducha

shampoo

shampoo

vaskeklud

toallita

afløb

desagüe

creme

crema

deodorant

desodorante

spejl

espejo

kosmetikspejl

espejito

barberhøvl

maquinita de afeitar

barberskum

espuma de afeitar

barbervand

aftershave

kam

peine

børste

cepillo

hårtørrer

secador de pelo

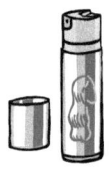

hårspray

spray

makeup

maquillaje

læbestift

lápiz de labios

neglelak

esmalte para uñas

vat

algodón

neglesaks

tijera para uñas

parfume

perfume

toilettaske

portacosméticos

skammel

banqueta

vægt

balanza

badekåbe

bata

gummihandsker

guantes de goma

tampon

tampón

damebind

toallita femenina

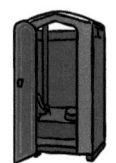

kemisk toilet

baño químico

børneværelse
cuarto de los chicos

vækkeur
despertador
bamse
peluche
legetøjsbil
coche de juguete
skralde
sonajero
dukkehus
casa de muñecas
gave
regalo

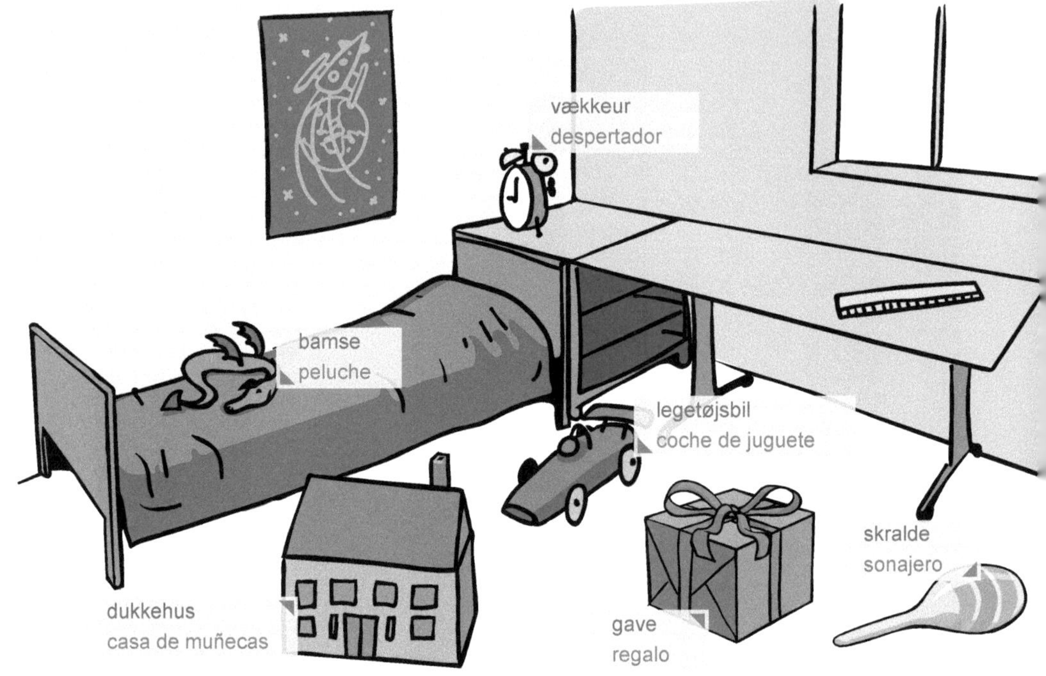

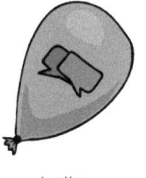

ballon
globo

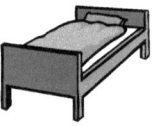

seng
cama

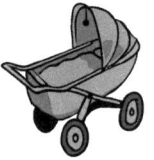

barnevogn
cochecito

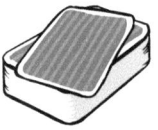

kortspil
cartas

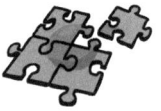

puslespil
rompecabezas

SUPER
MEGA
tegneserie
historieta

legoklodser

piezas de lego

byggeklodser

ladrillos de juguete

action figur

figura de acción

sparkedragt

enterito (de bebé)

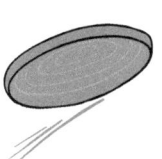

frisbee

frisbee

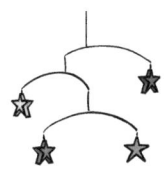

uro

móvil para bebés

brætspil

juego de mesa

terning

dados

modeljernbane

tren eléctrico

sut

chupete

fest

fiesta

billedbog

libro de cuentos ilustrado

bold

pelota

dukke

muñeca

lege

jugar

sandkasse

arenero

gynge

hamaca

legetøj

juguetes

spillekonsol

consola de videojuegos

trehjulet cykel

triciclo

bamse

osito de peluche

klædeskab

armario

tøj

ropa

sokker

medias

strømper

medias panty

strømpebukser

calzas

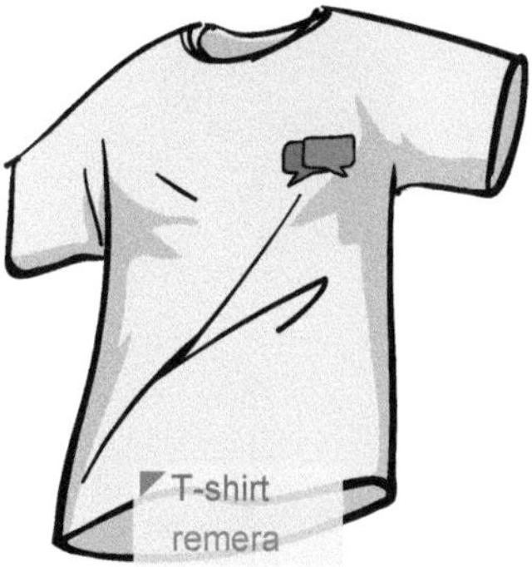

sjal
bufanda

bælte
cinturón

paraply
paraguas

T-shirt
remera

sneakers
zapatillas

støvler
botas

hjemmesko
pantuflas

sandaler

sandalias

sko

zapatos

gummistøvler

botas de goma

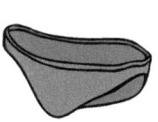

underbukser

ropa interior

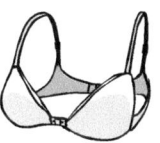

BH

corpiño

undertrøje

chaleco

body
body

bukser
pantalones

jeans
jeans

nederdel
pollera

bluse
blusa

skjorte
camisa

pullover
pulóver

sweatshirt
buzo

blazer
blazer

jakke
campera

frakke
tapado

regnfrakke
piloto

kostume
traje

kjole
vestido

brudekjole
vestido de novia

jakkesæt
traje

nattrøje
camisón

pyjamas
pijama

sari
sari

hovedtørklæde
pañuelo para cabeza

turban
turbante

burka
burka

kaftan
caftán

abaya
abaya

badedragt
traje de baño

badebukser
short de baño

korte bukser
shorts

træningsdragt
jogging

forklæde
delantal

handsker
guantes

knap

botón

briller

anteojos

armbånd

pulsera

kæde

collar

ring

anillo

ørering

aro

hue

gorra

bøjle

percha

hat

sombrero

slips

corbata

lynlås

cierre

hjelm

casco

seler

tiradores

skoleuniform

uniforme escolar

uniform

uniforme

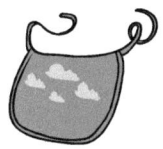

hagesmæk

babero

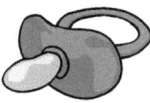

sut

chupete

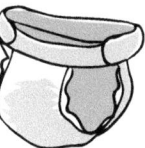

ble

pañal

kontor

oficina

server
servidor
arkivskab
archivero
printer
impresora
papir
papel
skærm
monitor
mus
mouse
skrivebord
escritorio
mappe
carpeta
tastatur
teclado
stol
silla
papirkurv
tacho (de basura)
computer
computadora

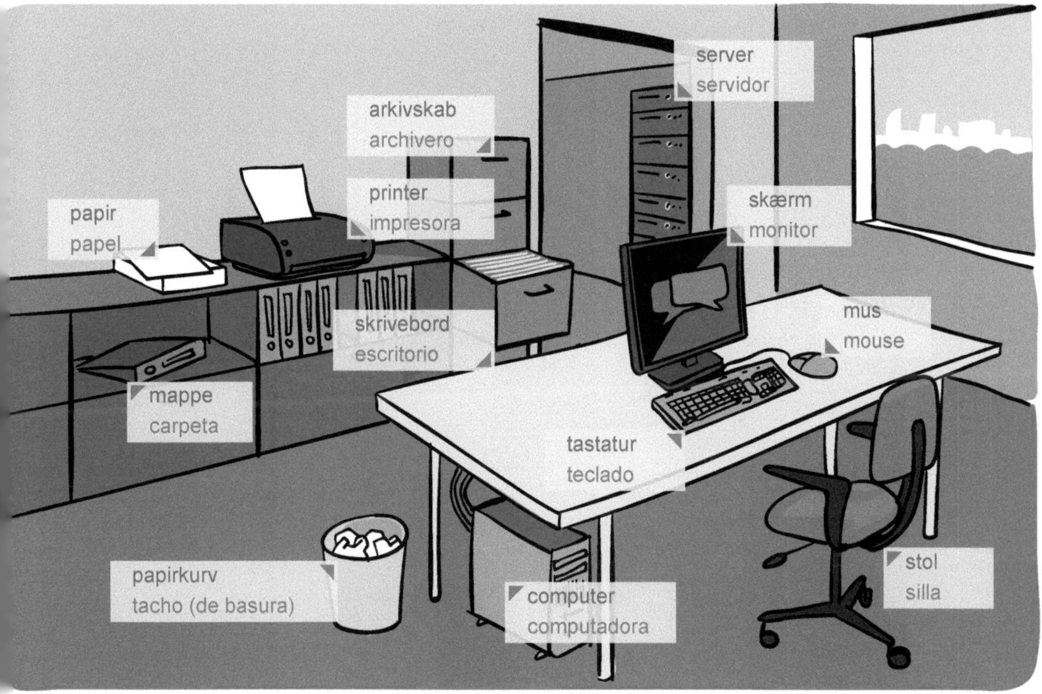

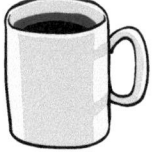

kaffekrus

taza de café

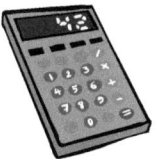

lommeregner

calculadora

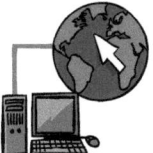

internet

internet

bærbar
laptop

brev
carta

besked
mensaje

mobil
celular

netværk
red

kopimaskine
fotocopiadora

software
software

telefon
teléfono

stikdåse
tomacorriente

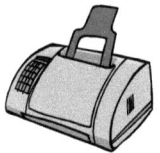

fax
fax

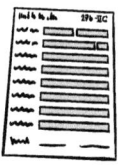

formular
formulario

dokument
documento

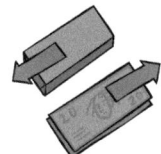

købe
comprar

betale
pagar

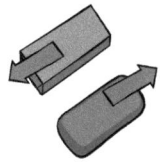

handle
hacer negocios

penge
dinero

dollar
dólar

euro
euro

yen
yen

rubel
rublo

schweizerfranc
franco suizo

renminbi yuan
yuan

rupee
rupia

hæveautomat
cajero automático

vekselkontor

casa de cambio

guld

oro

sølv

plata

olie

petróleo

energi

energía

pris

precio

kontrakt

contrato

skat

impuesto

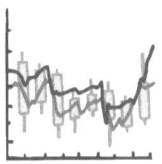

aktie

acción

arbejde

trabajar

ansat

empleado

arbejdsgiver

empleador

fabrik

fábrica

butik

negocio

politimand
policía

brandmand
bombero

kok
cocinero

læge
médico

pilot
piloto

gartner

jardinero

tømrer

carpintero

syerske

modista

dommer

juez

kemiker

farmacéutico

skuespiller

actor

buschauffør
colectivero

taxachauffør
taxista

fisker
pescador

rengøringskone
mucama

tagdækker
techista

tjener
mozo

jæger
cazador

maler
pintor

bager
panadero

elektriker
electricista

bygningsarbejder
albañil

ingeniør
ingeniero

slagter
carnicero

vvs-mand
plomero

postbud
cartero

soldat
soldado

arkitekt
arquitecto

kasserer
cajero

blomsterhandler
florista

frisør
peluquero

togfører
cobrador

mekaniker
mecánico

kaptajn
capitán

tandlæge
dentista

videnskabsmand
científico

rabbiner
rabino

imam
imán

munk
monje

præst
sacerdote

værktøj
herramientas

tang
tenaza
hammer
martillo
skruedrejer
destornillador
lommelygte
linterna
skruenøgle
llave

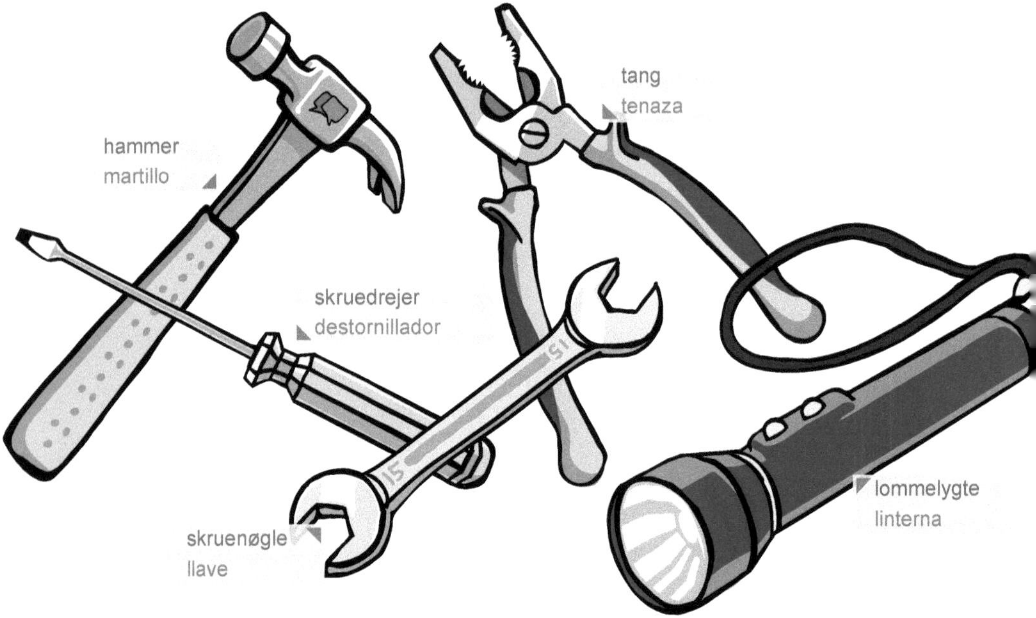

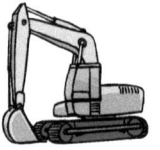

gravemaskine

excavadora

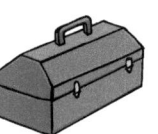

værktøjskasse

caja de herramientas

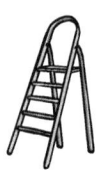

stige

escalera portátil

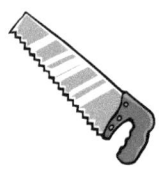

sav

sierra

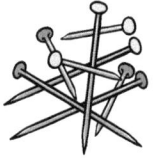

søm

clavos

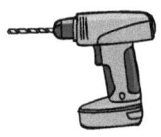

bor

taladro

reparere

arreglar

skovl

pala de jardín

Lort!

¡Qué bronca!

fejebakke

pala de plástico

malerspand

tacho de pintura

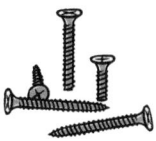

skruer

tornillos

musikinstrumenter
instrumentos musicales

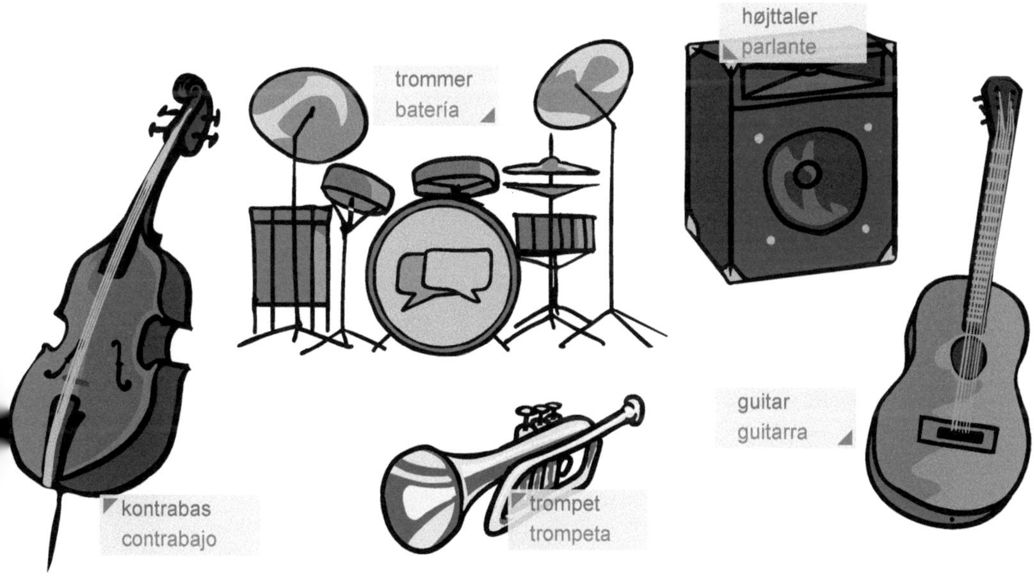

trommer
batería

højttaler
parlante

guitar
guitarra

kontrabas
contrabajo

trompet
trompeta

klaver

piano

violin

violín

bas

bajo

pauke

timbales

tromme

tambor

keyboard

teclado

saxofon

saxofón

fløjte

flauta

mikrofon

micrófono

zoo

zoológico

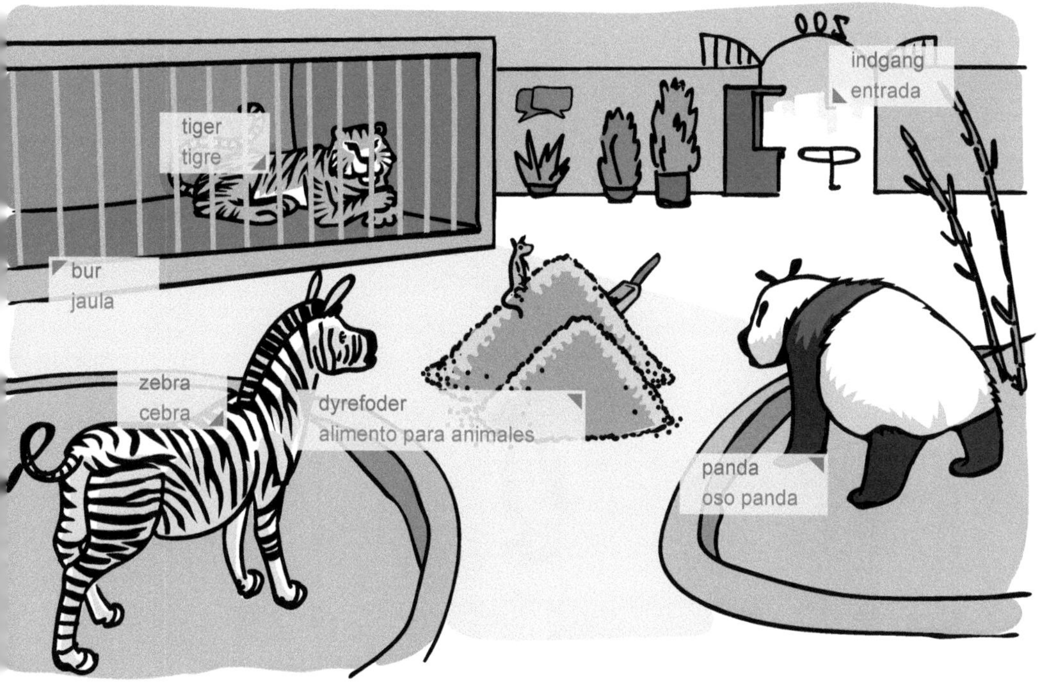

zoo
indgang
entrada
tiger
tigre
bur
jaula
zebra
cebra
dyrefoder
alimento para animales
panda
oso panda

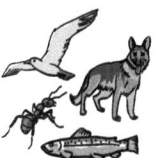

dyr

animales

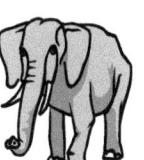

elefant

elefante

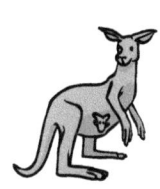

kænguru

canguro

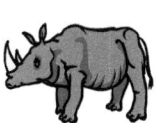

næsehorn

rinoceronte

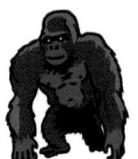

gorilla

gorila

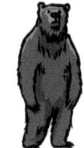

bjørn

oso

kamel

camello

struds

avestruz

løve

león

abe

mono

flamingo

flamenco

papegøje

loro

isbjørn

oso polar

pingvin

pingüino

haj

tiburón

påfugl

pavo real

slange

serpiente

krokodille

cocodrilo

dyrepasser

cuidador del zoológico

sæl

foca

jaguar

jaguar

pony
poni

leopard
leopardo

flodhest
hipopótamo

giraf
jirafa

ørn
águila

vildsvin
jabalí

fisk
pescado

skildpadde
tortuga

hvalros
morsa

ræv
zorro

gazelle
gacela

amerikansk football
fútbol americano

cykling
ciclismo

tennis
tenis

basketball
básquet

svømning
natación

boksning
boxeo

ishockey
hockey sobre hielo

fodbold
fútbol

badminton
bádminton

atletik
atletismo

håndbold
handball

skiløb
esquí

polo
polo

springe
saltar

give et knus
abrazar

grine
reír

gå
caminar

synge
cantar

drømme
soñar

bede
rezar

kysse
besar

skrive
escribir

tegne
dibujar

vise
mostrar

skubbe
presionar

give
dar

tage
tomar

have
tener

gøre
hacer

være
ser

stå
estar parado

løbe
correr

trække
tirar

kaste
tirar

falde
caer

ligge
estar acostado

vente
esperar

bære
llevar

sidde
estar sentado

tage på
vestirse

sove
dormir

vågne
despertar

se på
mirar

græde
llorar

ae
acariciar

kæmme
peinar

tale
hablar

forstå
entender

spørge
preguntar

høre
escuchar

drikke
beber

spise
comer

rydde op
ordenar

elske
amar

koge
cocinar

køre
manejar

flyve
volar

sejle

navegar

regne

calcular

læse

leer

lære

aprender

arbejde

trabajar

gifte sig med

casarse

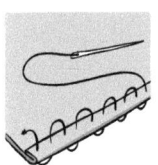

sy

coser

børste tænder

cepillarse los dientes

dræbe

matar

ryge

fumar

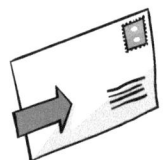

sende

enviar

familie
familia

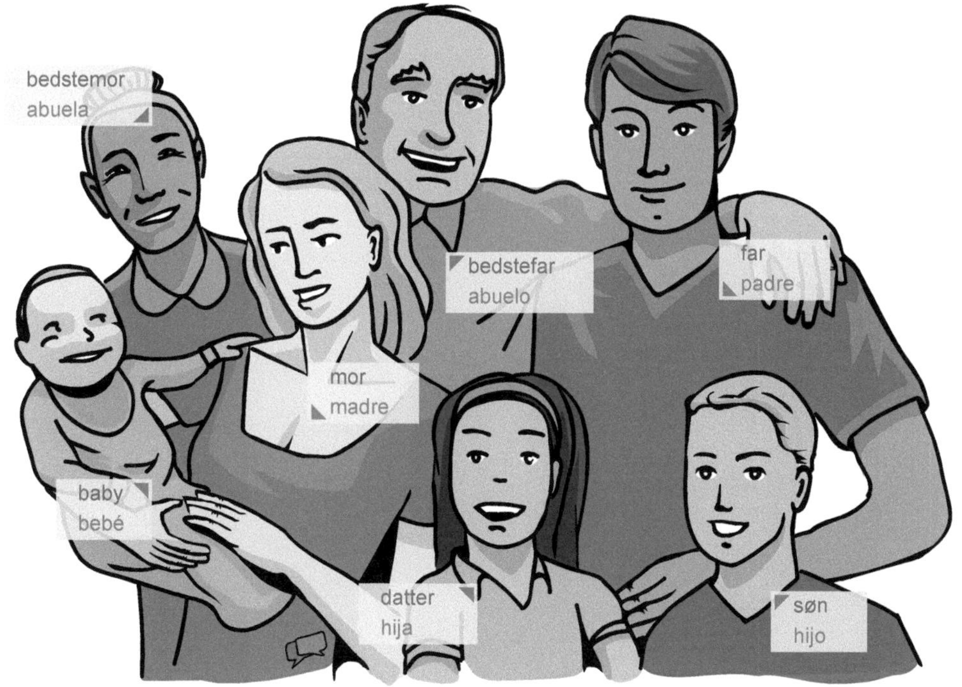
bedstemor
abuela
bedstefar
abuelo
far
padre
mor
madre
baby
bebé
datter
hija
søn
hijo

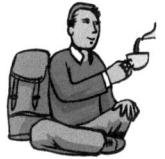

gæst

invitado

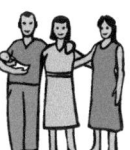

tante

tía

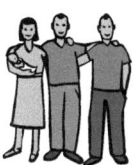

onkel

tío

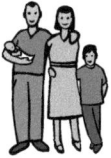

bror

hermano

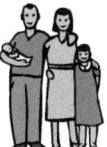

søster

hermana

krop
cuerpo

pande
frente
øje
ojo
skulder
hombro
finger
dedo
ansigt
cara
hage
pera
hånd
mano
ben
pierna
bryst
pecho
arm
brazo

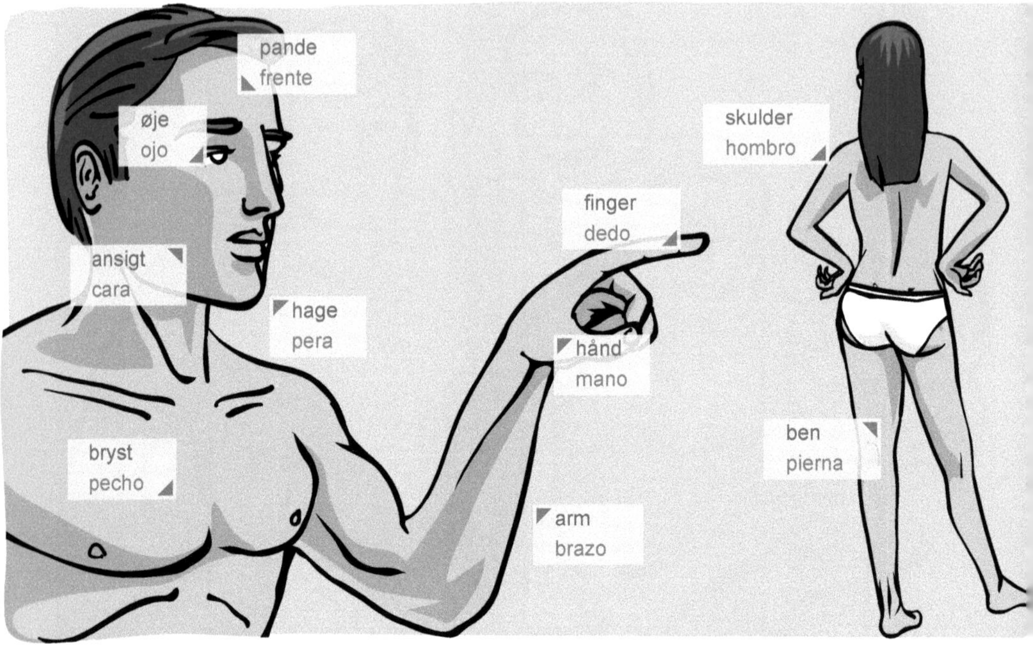

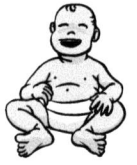

baby
bebé

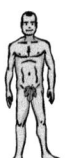

mand
hombre

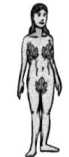

kvinde
mujer

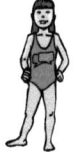

pige
nena

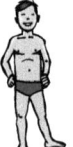

dreng
nene

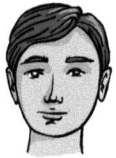

hoved
cabeza

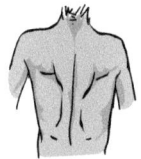

ryg

espalda

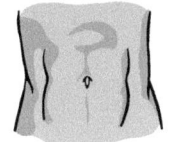

mave

panza

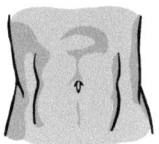

navle

ombligo

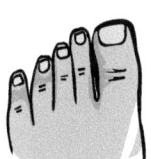

tå

dedo del pie

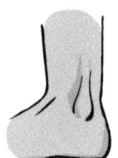

hæl

talón

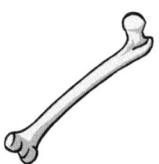

knogle

hueso

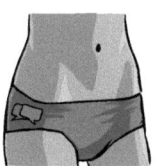

hofte

cadera

knæ

rodilla

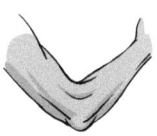

albue

codo

næse

nariz

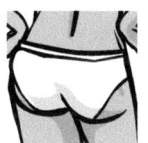

bagdel

cola

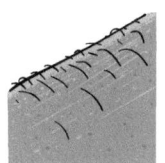

hud

piel

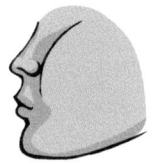

kind

cachete

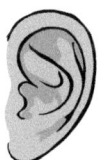

øre

oreja

læbe

labio

mund
boca

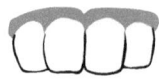

tand
diente

tunge
lengua

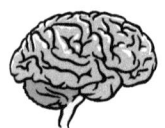

hjerne
cerebro

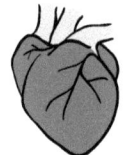

hjerte
corazón

muskel
músculo

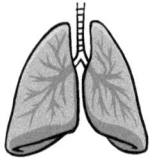

lunge
pulmón

lever
hígado

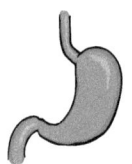

mavesæk
estómago

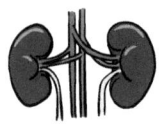

nyrer
riñones

sex
sexo

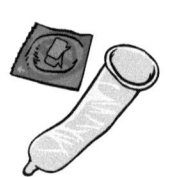

kondom
preservativo

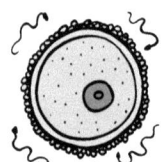

ægcelle
óvulo

sperm
semen

svangerskab
embarazo

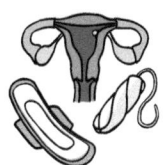

menstruation

menstruación

vagina

vagina

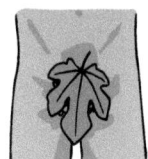

penis

pene

øjenbryn

ceja

hår

pelo

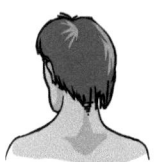

hals

cuello

sygehus
hospital

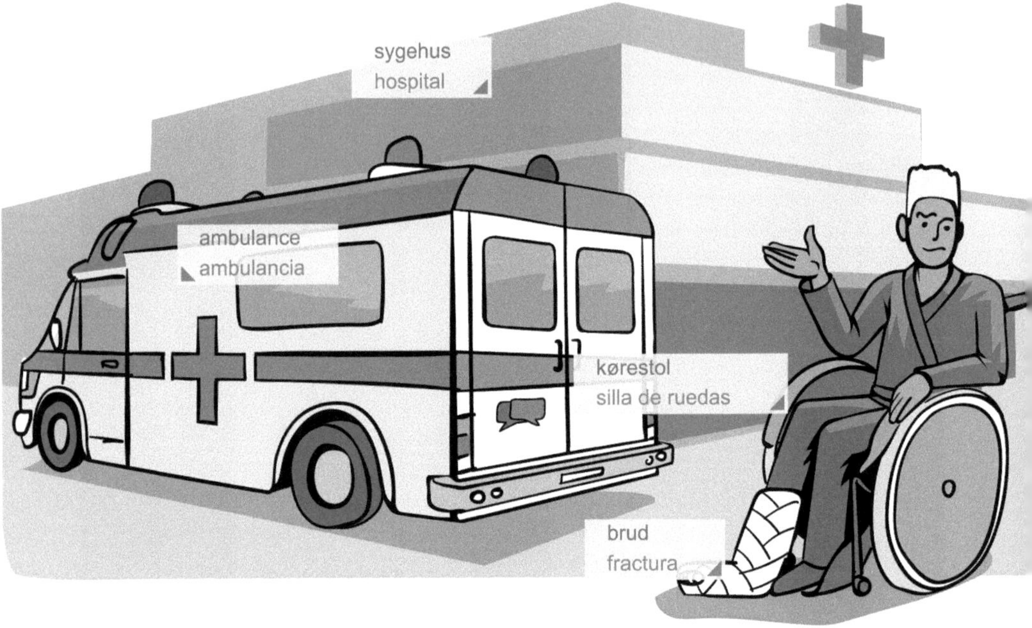

sygehus
hospital
ambulance
ambulancia
kørestol
silla de ruedas
brud
fractura

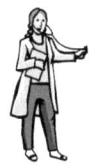

lægé

médico

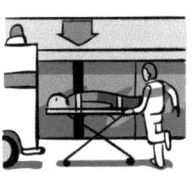

akutmodtagelse

sala de guardia

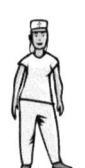

sygeplejerske

enfermera

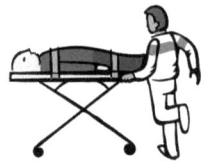

nødstilfælde

emergencia

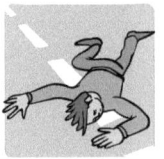

bevidstløs

inconsciente

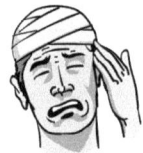

smerte

dolor

skade

lesión

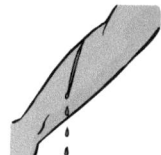

blødning

hemorragia

hjerteinfarkt

infarto

slagtilfælde

ACV

allergi

alergia

hoste

tos

feber

fiebre

influenza

gripe

diarré

diarrea

hovedpine

dolor de cabeza

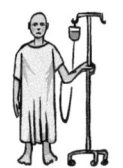

kræft

cáncer

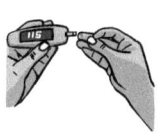

diabetes

diabetes

kirurg

cirujano

skalpel

bisturí

operation

operación

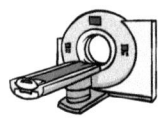

CT
TC

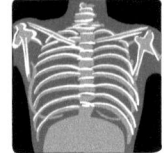

røntgen
rayos x

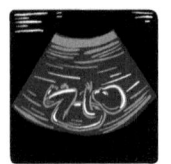

ultralyd
ecografía

maske
barbijo

sygdom
enfermedad

venteværelse
sala de espera

krykke
muleta

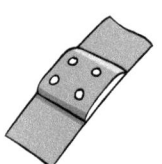

plaster
curita

forbinding
venda

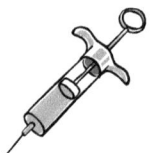

injektion
inyección

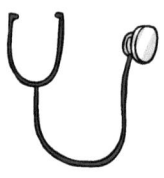

stetoskop
estetoscopio

båre
camilla

termometer
termómetro

fødsel
nacimiento

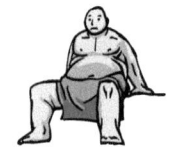

overvægt
sobrepeso

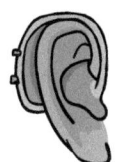

høreapparat

audífono

desinficerende middel

desinfectante

infektion

infección

virus

virus

HIV / AIDS

VIH / SIDA

medicin

remedio

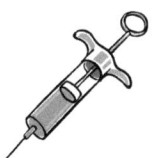

vaccination

vacunación

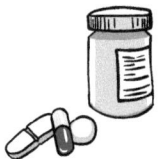

tabletter

comprimidos

pille

pastilla anticonceptiva

nødopkald

llamada de emergencia

blodtryksmåler

tensiómetro

syg / rask

enfermo / sano

Hjælp!

¡Ayuda!

alarm

alarma

overfald

agresión

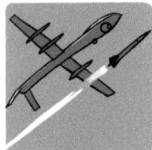

angreb

ataque

fare

peligro

nødudgang

salida de emergencia

Det brænder!

¡Fuego!

ildslukker

matafuego

uheld

accidente

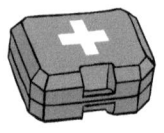

førstehjælps-kuffert

botiquín de primeros auxilios

SOS

SOS

politi

policía

Europa

Europa

Nordamerika

América del Norte

Sydamerika

América del Sur

Afrika

África

Asien

Asia

Australien

Australia

Atlanterhavet

Atlántico

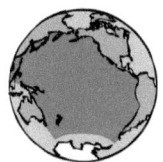

Stillehavet

Pacífico

Indiske Ocean

Océano Índico

Sydlige Ishav

Océano Antártico

Ishav

Océano Ártico

Nordpol

polo norte

Sydpol

polo sur

Antarktis

Antártida

Jorden

Tierra

land

tierra

hav

mar

ø

isla

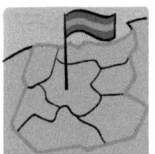

nation

nación

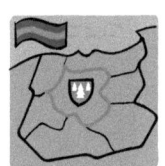

stat

estado

urskive

esfera

timeviser

manecilla de las horas

minutviser

minutero

sekundviser

segundero

Hvad er klokken?

¿Qué hora es?

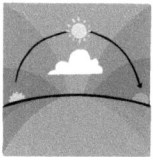

dag

día

tid

hora

nu

ahora

digitalur

reloj digital

minut

minuto

time

hora

uge

semana

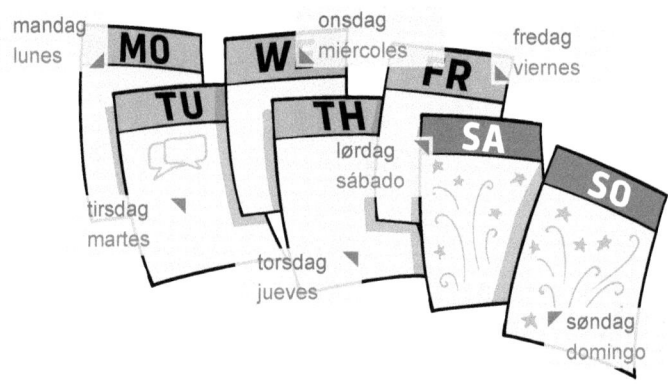

mandag
lunes

onsdag
miércoles

fredag
viernes

tirsdag
martes

torsdag
jueves

lørdag
sábado

søndag
domingo

i går
ayer

i dag
hoy

i morgen
mañana

morgen
mañana

middag
mediodía

aften
tarde

arbejdsdage
días hábiles

weekend
fin de semana

år

año

regn
lluvia
regnbue
arco iris
vind
viento
sne
nieve
forår
primavera
sommer
verano
efterår
otoño
vinter
invierno

4.APRIL 11°
5.APRIL 4°
6.APRIL 13°
7.APRIL 8°
8.APRIL 10°

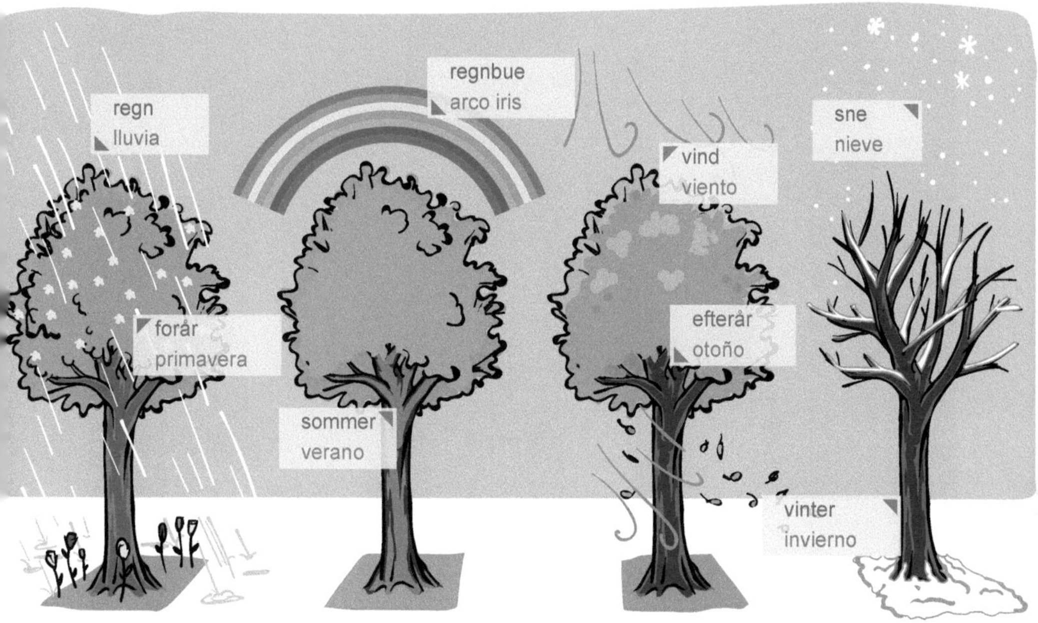

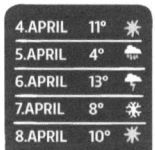

vejrudsigt

pronóstico meteorológico

F C
120 90 60 30 0 -30
40 30 20 10 0 -10 -20

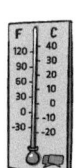

termometer

termómetro

solskin

luz del sol

sky

nube

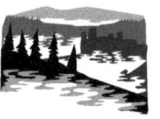

tåge

niebla

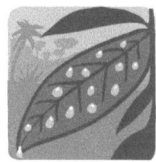

luftfugtighed

humedad

lyn

rayo

torden

trueno

storm

tormenta

hagl

granizo

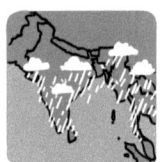

monsun

monzón

flod

inundación

is

hielo

januar

enero

februar

febrero

marts

marzo

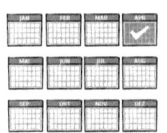

april

abril

maj

mayo

juni

junio

juli

julio

august

agosto

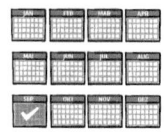

september
....
septiembre

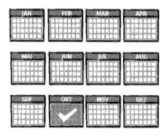

oktober
....
octubre

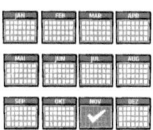

november
....
noviembre

december
....
diciembre

former

formas

cirkel
....
círculo

kvadrat
....
cuadrado

firkant
....
rectángulo

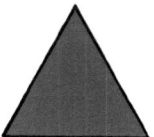

trekant
....
triángulo

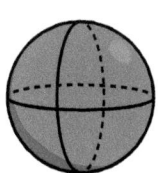

kugle
....
esfera

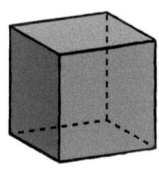

terning
....
cubo

farver
colores

hvid

blanco

gul

amarillo

orange

naranja

pink

rosa

rød

rojo

lilla

violeta

blå

azul

grøn

verde

brun

marrón

grå

gris

sort

negro

meget / lidt

mucho / poco

rasende / fredelig

enojado / tranquilo

smuk / grim

lindo / feo

begyndelse / slut

principio / fin

stor / lille

grande / chico

lys / mørk

claro / oscuro

bror / søster

hermano / hermana

ren / snavset

limpio / sucio

fuldkommen / ufuldkommen

completo / incompleto

dag / nat

día / noche

død / levende

muerto / vivo

bred / smal

ancho / angosto

spiselig / uspiselig

comestible / no comestible

vred / venlig

malo / amable

ophidset / kedet

entusiasmado / aburrido

tyk / tynd

gordo / flaco

først / sidst

primero / último

ven / fjende

amigo / enemigo

fuld / tom

lleno / vacío

hård / blød

duro / blando

tung / let

pesado / liviano

sult / tørst

hambre / sed

syg / rask

enfermo / sano

illegal / legal

ilegal / legal

intelligent / dum

inteligente / estúpido

venstre / højre

izquierda / derecha

nær / fjern

cerca / lejos

ny / brugt

nuevo / usado

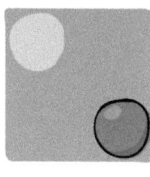

intet / noget

nada / algo

gammel / ung

viejo / joven

tændt / slukket

encendido / apagado

åben / lukket

abierto / cerrado

stille / højt

silencioso / ruidoso

rig / fattig

rico / pobre

rigtig / forkert

correcto / incorrecto

ru / glat

áspero / suave

ked af det / lykkelig

triste / contento

kort / lang

corto / largo

langsom / hurtig

lento / rápido

våd / tør

mojado / seco

varm / kold

caliente / frío

krig / fred

guerra / paz

0

nul

cero

1

en

uno

2

to

dos

3

tre

tres

4

fire

cuatro

5

fem

cinco

6

seks

seis

7

syv

siete

8

otte

ocho

9

ni

nueve

10

ti

diez

11

elleve

once

12

tolv

doce

13

tretten

trece

14

fjorten

catorce

15

femten

quince

16

seksten

dieciséis

17

sytten

diecisiete

18

atten

dieciocho

19

nitten

diecinueve

20

tyve

veinte

100

hundrede

cien

1.000

tusinde

mil

1.000.000

million

millón

engelsk

inglés

amerikansk engelsk

inglés americano

kinesisk mandarin

chino mandarín

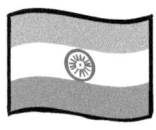

hindi

hindi

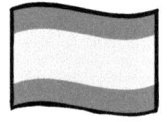

spansk

español

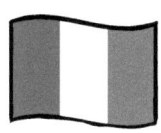

fransk

francés

arabisk

árabe

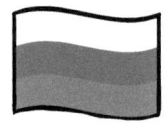

russisk

ruso

portugisisk

portugués

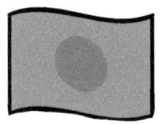

bengalsk

bengalí

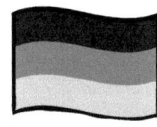

tysk

alemán

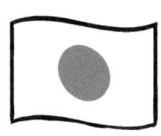

japansk

japonés

jeg
yo

du
vos

han / hun / den / det
él / ella

vi
nosotros

I
ustedes

de
ellos

hvem?
¿quién?

hvad?
¿qué?

hvordan?
¿cómo?

hvor?
¿dónde?

hvornår?
¿cuándo?

navn
nombre

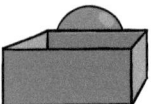

bag

detrás

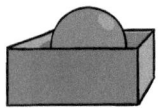

i

en

foran

adelante de

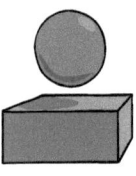

over

por encima de

på

sobre

under

debajo de

ved siden af

al lado de

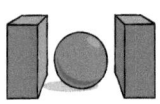

imellem

entre

sted

lugar